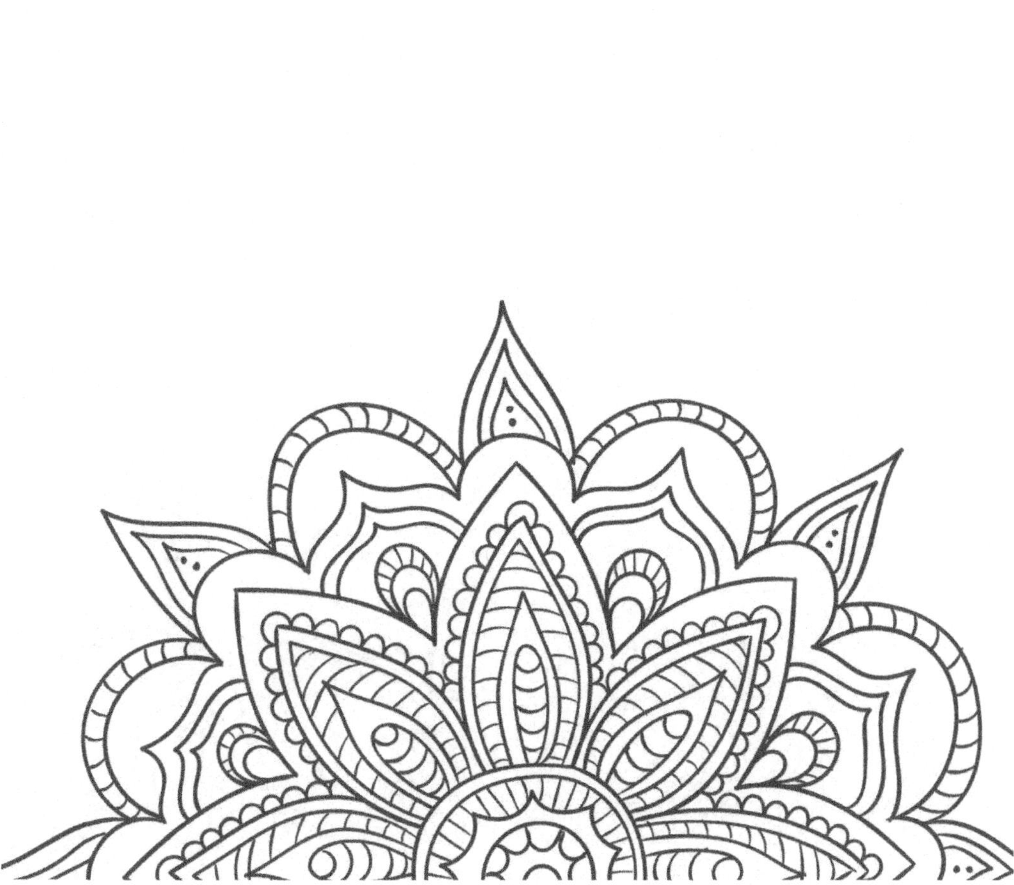

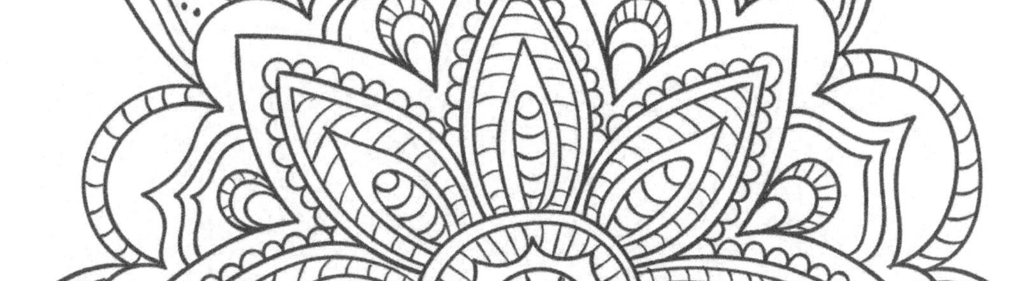

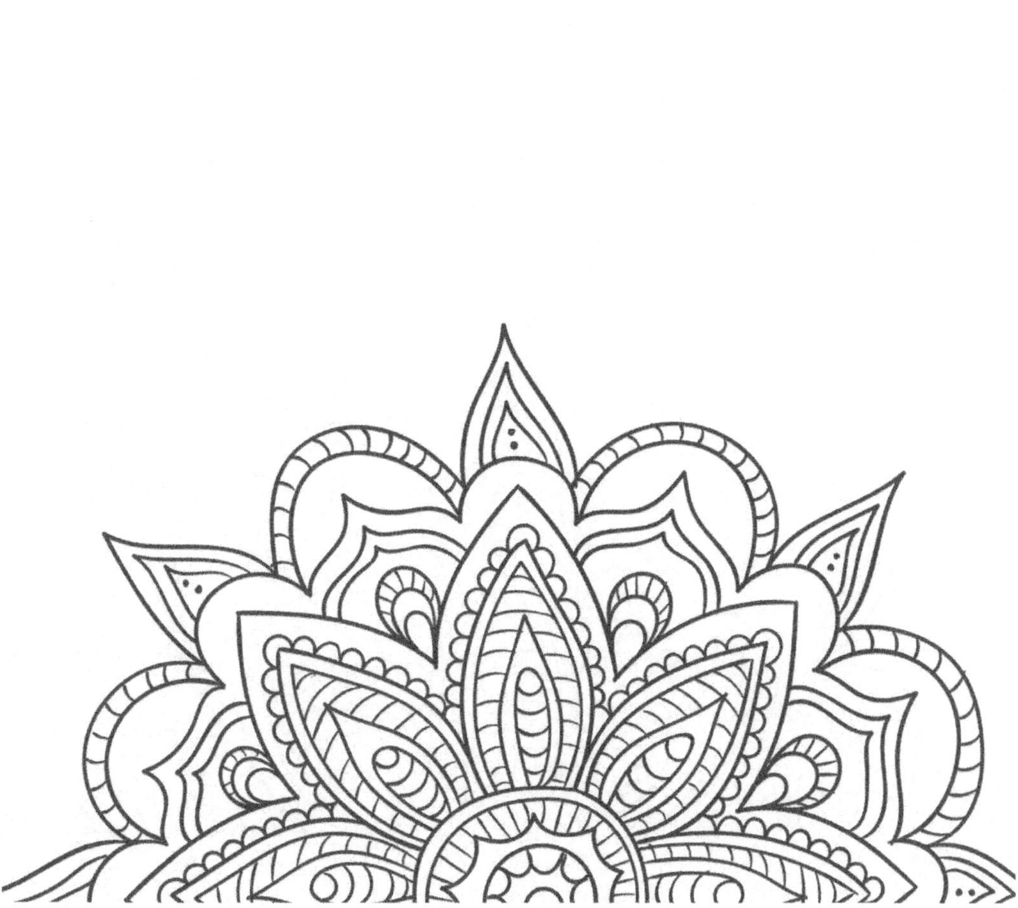

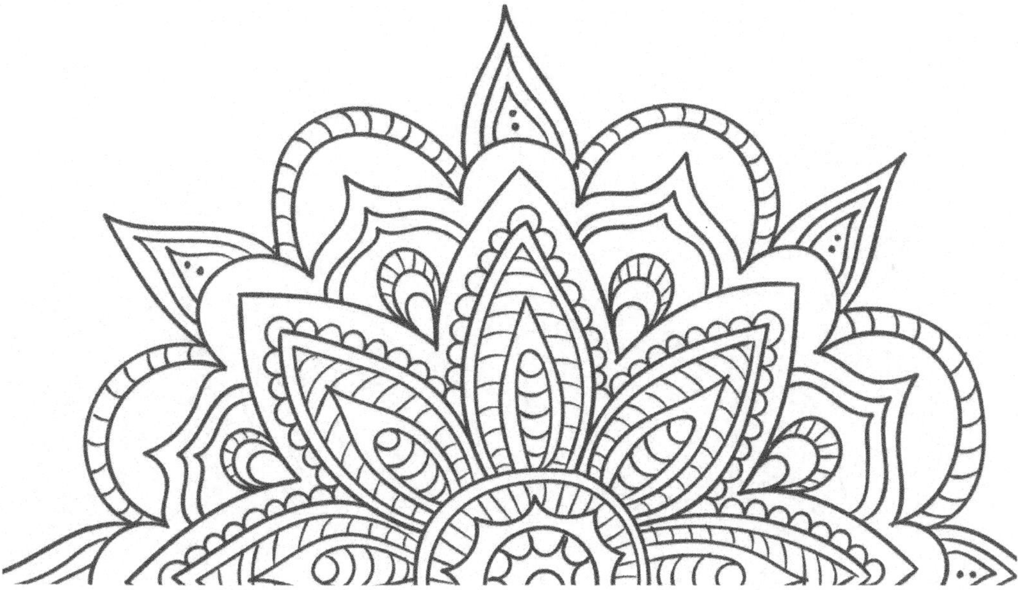

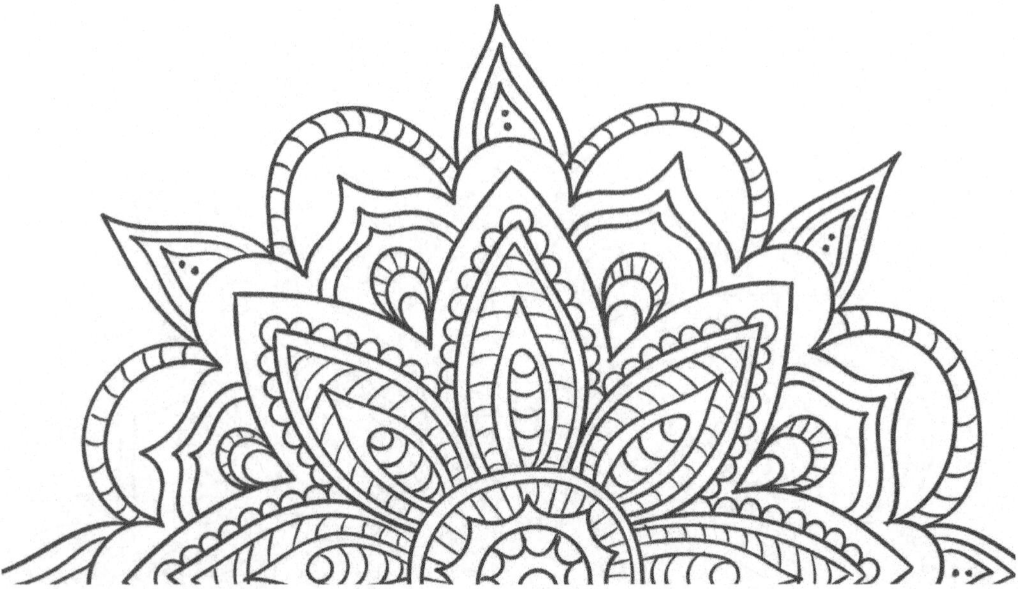

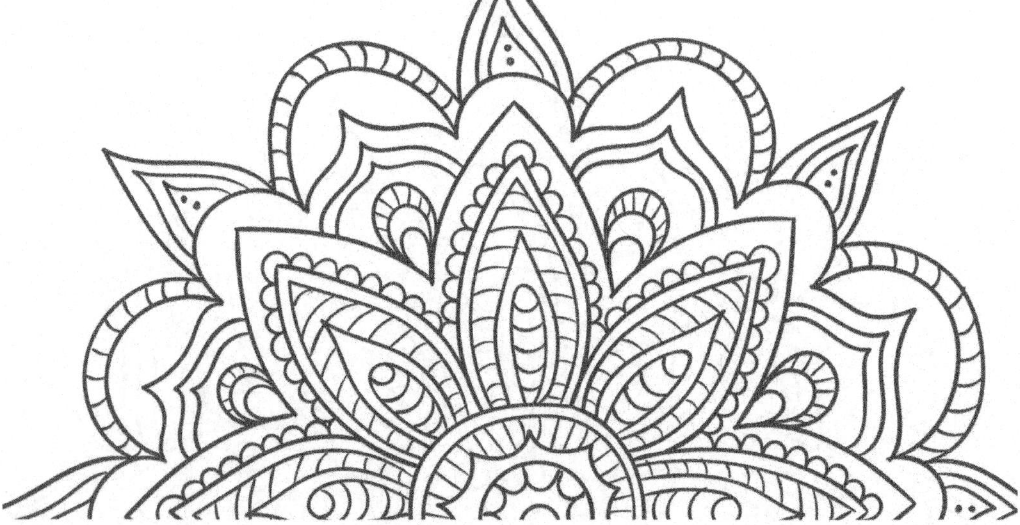

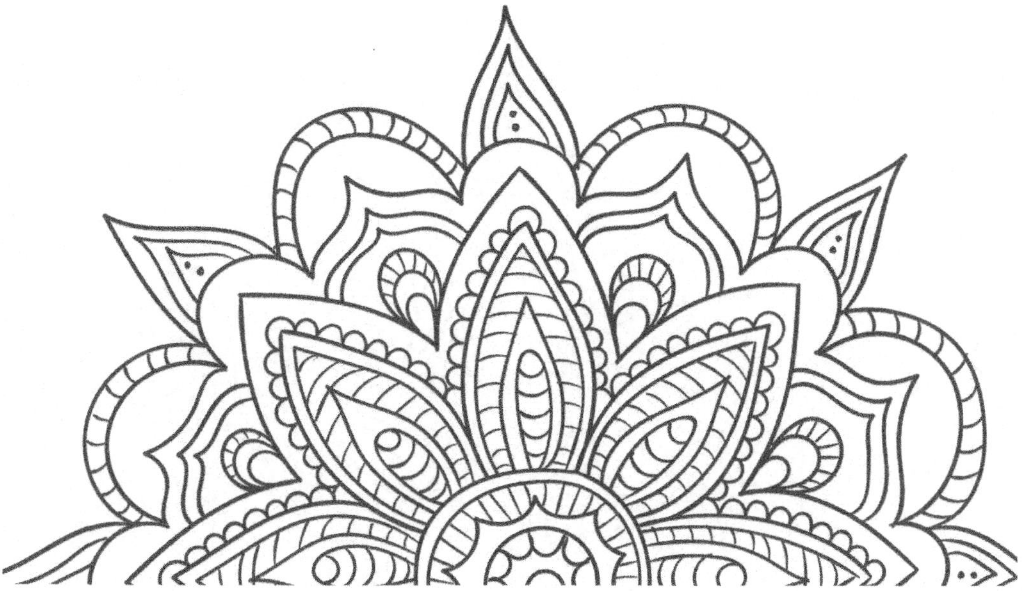

Made in the USA
Monee, IL
28 November 2020

49920243R00247